role ; mais milady m'avait presque entièrement oublié depuis qu'elle avait pris pour sigisbé un jeune Français poussé de Paris vers Londres par l'impuissance de payer ses dettes.

Le séjour de Londres n'était plus tenable pour moi ; je payai donc mon loyer et je partis dans la malle de Bristol. En arrivant chez moi, je trouvai la toiture de mon habitation presque entièrement détruite par le temps et faute d'avoir été réparée ; mes fermiers étaient plus misérables que jamais. En mon absence, mes voisins avaient tué tous mes lapins ; j'étais plus pauvre qu'avant mon départ, et la pauvreté m'était bien plus insupportable, car j'avais connu l'opulence, et il ne me restait plus que des regrets. J'aurais mieux fait six mois plus tôt de faire couvrir ma maison et de ne pas quitter mes lapins.

(New Monthly Magazine.)

Revue de Paris - novembre 1830.

DE LA

PERFECTIBILITÉ DE L'HOMME

ET DE

L'influence de l'imprimerie

Sur la Civilisation.

Perfectibilité n'est pas un mot ancien, et j'en rends grâces à la
raison de nos aïeux. Platon, Cicéron et Marc-Aurèle n'y enten-
draient rien; Montaigne en rirait de pitié, lui qui disait avec une
prescience si pénétrante à la fin du seizième siècle : « Nos mœurs
» sont extrêmement corrompues, et penchent d'une merveilleuse
» inclination vers l'empirement de nos lois et usages ; il y en a
» plusieurs barbares et monstrueuses ; toutefois, pour la difficulté
» de nous mettre en meilleur estat et le danger de ce croulement,
» si je pouvois planter une cheville à nostre roue, et l'arrêter en
» ce poinct, je le ferois de bon cœur. »

Dire que l'homme est perfectible, c'est supposer qu'il peut changer de nature; c'est demander la rose à l'hysope, et l'ananas au peuplier.

Donnez-moi un homme qui ait autant de sens que ce voyageur de Sirius qui fut rencontré par Micromégas; donnez-moi seulement un homme que la nature ait pourvu d'un sens de plus que le reste de l'espèce, et je comprendrai facilement sa perfectibilité relative. Je ne dis pas qu'une grande révolution du globe, suivie d'une création intelligente ou d'une création spontanée, ne puisse produire, après une longue succession de siècles, une espèce beaucoup plus heureusement organisée que la nôtre, et ce n'est pas dire beaucoup; mais cette espèce ne sera pas identiquement la nôtre : il y aura, comme je l'ai dit, création et non pas perfectionnement.

La seule partie de notre civilisation où quelque apparence de perfectibilité se révèle, c'est le travail mécanique, l'industrie manuelle de l'homme. La main de l'homme est en effet un instrument très-ingénieux dont les applications possibles ne sont jamais essentiellement finies. Cependant il est douteux que ses œuvres de ce genre puissent enchérir d'une manière bien sensible sur ces merveilles de l'adresse et de la patience qui faisaient l'admiration des temps intermédiaires, et ce serait peut-être assez pour lui d'y revenir. Quant aux opérations morales de son intelligence, elles sont finies comme ses organes; il n'ira pas plus loin tant qu'il ne sera qu'homme.

On a parlé mille fois depuis quelques années du perfectionnement des sciences. C'est la plus abusive des extensions de mots. Les sciences spéculatives n'ont pas bougé; les sciences positives sont inamovibles de leur nature; les sciences de faits s'augmentent et ne se perfectionnent pas. Tant que l'homme n'aura pas tout vu et qu'il sera curieux, il ne manquera pas d'occasions de voir encore, et il restera maître d'enregistrer ses découvertes et de publier ses descriptions. Cette latitude est même assez ample, car on peut supposer hardiment qu'il n'a vu que la plus petite partie des choses, et qu'il ne verra jamais tout. Il surprendra sur le fait de nouveaux accidens et de nouvelles propriétés; il reconnaîtra de nouvelles existences qui lui avaient échappé jusqu'à nous; il tentera de nouvelles analyses, de nouvelles synthèses, de nouvelles applications; il formera de nouvelles nomenclatures et de nouvelles méthodes; il n'inventera plus. Tout pauvres de notions qu'aient pu être les premiers maîtres des sciences de faits, la création de ces sciences leur appartient; tout riches d'observation que soient leurs successeurs, la création leur est interdite. Les premiers ont fait la physique, la chimie, l'histoire naturelle; les autres font des expériences, des combinaisons et des catalogues.

Si le livre des *Découvertes des anciens attribuées aux modernes* remplissait dans toute son étendue la promesse immense du titre, la part des modernes serait bientôt faite. Il valait mieux ne pas l'entreprendre et résumer ce plan, tout vaste qu'il est, dans une solution bien laconique et bien commune : *Il n'y a rien de nouveau sous le soleil.* Le dix-huitième et le dix-neuvième siècles se sont crus découvreurs par une raison toute simple, c'est qu'ils étaient souverainement ignorans, et qu'à l'exception du charlatan qui proclamait effrontément son plagiat comme une nouveauté dont la perception s'était dérobée avant lui à tous les efforts du genre humain, personne ne se serait avisé de son temps de feuilleter l'auteur obscur dont il s'appropriait la découverte. Il en est presque de toutes les acquisitions de notre intelligence depuis les temps nouveaux, comme de l'invention des cartes à jouer placée sous Charles VI, et qui remonte aux époques les plus reculées de l'antiquité; comme de celle du papier de chiffons, dont la fabrication était vulgaire avant la fondation d'Alexandrie; comme de celle de l'encre d'imprimerie, attribuée à Schoëffer, et dont la recette se trouve dans Dioscoride, liv. Ier, chap. LXXVII; comme de celle de l'imprimerie elle-même, qui est presque immémoriale à la Chine. De Christophe Colomb à Polichinelle, dont le type grotesque s'est retrouvé dans des figurines égyptiennes presque aussi vieilles que les Pyramides, nous n'avons pas fait un pas sur un sol scientifique où les générations primitives n'aient laissé quelques-uns de leurs vestiges; car, à supposer même que l'Amérique n'ait pas été visitée et peuplée peut-être par les habitans de l'an-

cien monde, comme nous avons tant de raisons de le croire, la
géographie et la philosophie antiques prouvent assez que l'existence
de cet hémisphère a toujours été un fait rationnel. Il n'y eut qu'un
cri d'admiration en France quand d'Alembert tira de son génie
étroit et stérile une classification assez lumineuse des connaissances
humaines. Elle était dans Bacon, qui l'avait prise chez nous à un
certain Savigny dont le livre se vendait au poids. Celui-ci l'avait
prise à un certain Bergeron, plus inconnu encore, qui l'avait
prise je ne sais où ; et il ne serait pas d'une grande importance de
le savoir, puisqu'on la retrouverait à peu de chose près dans Aris-
tote, qui arriva certainement trop tard pour l'inventer. Ce n'est
rien que cela : il n'y a pas jusqu'à l'allaitement des enfans par les
mères qui n'ait passé pour une innovation dont les bonnes gens
font honneur au génie philantropique de Jean-Jacques Rousseau,
comme si Ève et ses filles avaient mis leurs premiers nés en nourrice. A prendre que cette prétendue découverte n'ait consacré son
nom qu'en qualité de suasoire éloquente et pathétique, il fallait au
moins rendre justice aux beaux vers de Scévole de Sainte-Marthe,
dont il n'est guère que le traducteur ; et à la véhémente plaidoirie
d'Érasme, qui a victorieusement résolu la même question en douze
points, avec toûte la force de logique et de talent qu'on lui con-
naît, dans le second livre de son commentaire de *l'Ecclésiaste*,
plus de deux cents ans avant le philosophe de Genève.

Je me souviens d'avoir assisté fort jeune à une leçon de *mnémo-
nique* ou mémoire artificielle, débitée dans le plus mauvais jargon
imaginable, par un pauvre philosophastre allemand nommé Fei-
naigle. C'était aussi une découverte. Cette belle science, dont la
surprenante nouveauté ne fut contestée par personne, coûtait deux
louis d'or à chaque adepte. On l'aurait apprise en une heure et
pour dix sous dans les bouquins triséculaires de Pierre de Ravenne,
de Giordano Bruno, de Grattarol, de Paëp, et d'une douzaine
d'autres dont le nom n'est ni plus ni moins recommandable aujourd'hui. Mais ce qu'il y a de plus étonnant, c'est qu'à de sottes
formules près dont ce plaisant inventeur l'avait ridiculement sur-
chargée, elle est tout entière dans le troisième livre des *Rhétori-*

ques de Cicéron *ad Herennium*, que les littérateurs de ce temps-là ne se souvenaient pas d'avoir vues au collége. On parle maintenant de l'enseignement universel de M. Jacotot, qui menace de ruiner de fond en comble le monopole doctoral des hautes puissances universitaires. En tout cas, il faudra que ce grand homme restitue les plus beaux fleurons de sa couronne à un méchant pédant du dix-septième siècle, qui fit quelque temps métier et marchandise de ces extravagantes pauvretés, au milieu de Paris, à la grande délectation des mauvais plaisans de son quartier, et dont les épiciers ont, depuis longues années, confisqué la gloire en feuilles. Rien ne nous manque plus, grâce au ciel, qu'une religion nouvelle, pour achever de parcourir en ce siècle de lumières la longue série des aberrations de l'esprit, et il n'y a qu'à lire et choisir pour en composer cent par semaine, avec le répertoire inépuisable des livres sacrés de tous les peuplés, les relations des voyageurs, et les rêveries écrites ou traditionnelles de ces innombrables hérésiarques du moyen âge, qui sont, à proprement parler, les sophistes du christianisme. C'est une occupation fort innocente et qui a même un côté assez divertissant à l'époque éminemment religieuse où nous voilà parvenus. D'ailleurs, si le nouveau est possible, c'est dans l'absurde qu'il faut le chercher. La vérité est limitée, et l'absurde ne l'est pas.

Tranchons le mot une fois pour toutes : la société est un cercle vicieux et très-vicieux; elle ne peut pas en sortir, parce qu'elle n'a pas dans son organisation les facultés excentriques qui la jetteraient en dehors. Les esprits très-supérieurs seuls vivent sur une tangente de ce cercle qui n'est pas comprise en lui, mais qui adhère à lui par un point intime et insécable, et qui suit, bon gré mal gré, son mouvement. Il ne dépend pas plus d'un corps politique, et même d'un législateur en théorie qui s'amuse à fabriquer des utopies dans son cabinet, de créer un nouvel ordre de civilisation, qu'il n'appartient aux termites de la Nubie de créer de nouveaux ordres d'architecture, et à l'abeille de nos ruches d'ajouter un côté au polygone éternel de ses alvéoles. Ce que nous pouvions a été fait, et tout ce qui a été fait se fera. Le monde a été jeune, il est

vieux; il a eu ses quatre âges, ou, comme disaient les anciens, ses
quatre siècles; et il durerait cent mille ans qu'il tournerait perpé-
tuellement sur le même axe, au gré des mêmes mobiles. Sa vie
s'est écoulée comme s'écoule celle de l'homme pris individuelle-
ment, qui en est le prototype, traînant long-temps les langes d'une
enfance imbécille, tourmentée par les passions furieuses de la jeunesse, poursuivant follement le but fallacieux des ambitions de la
virilité, et usant les restes d'une décrépitude aigrie par la perte
de toutes les espérances en accès alternatifs de désespoir et d'iner-
tie. Le *mieux*, en quelque chose qu'on l'imagine, est une illusion
pour ceux qui apprennent, un prétexte pour ceux qui savent, un
objet d'amertume et de dérision pour ceux qui meurent. Le pro-
nostic infaillible des sociétés à venir est tout entier dans l'histoire
des sociétés anéanties. L'antiquité a flori par l'institution de l'es-
clavage, les temps secondaires par celle du christianisme, qui a
ouvert la porte à toutes les libertés et à toutes les révolutions.
Voici l'âge de l'imprimerie qui est la dernière époque du possible,
parce qu'elle a donné tout à tous. C'est la loi agraire de l'intelligence. Après les castes, les prêtres; après les prêtres, les avocats;
après les lois purement humaines, l'Évangile; après l'Évangile,
les journaux. Toutes les civilisations sont là, et quand cela sera
fini, il n'y aura plus qu'à recommencer.

Il est vrai qu'un homme qui avait certainement du génie, car
on n'embrasse pas sans génie une combinaison d'idées propres à
devenir populaires, Saint-Simon a dit textuellement : « L'âge d'or
n'est pas derrière nous, il est devant. » C'est là qu'il s'est trompé.
L'âge d'or n'est ni devant ni derrière la société actuelle : il est dans
le domaine imaginaire des vaines ambitions de l'homme, comme
la plupart de ses croyances. Ce type idéal de perfectionnement est
la plus vieille des rêveries sociales; et cette illusion doit suivre l'espèce jusqu'à sa décrépitude, où nous sommes, et jusqu'à sa mort,
où nous touchons. Toutes les espérances de la race humaine se meu-
vent dans le vide. Sa seule destinée essentielle est de durer sous
différentes formes, et de finir sans avoir atteint à son but, parce
que le but qu'elle cherche est placé hors de sa destination natu-

relle. Les notions que nous avons sur notre bien-être futur sont tout au plus aussi exactes que celles qui nous restent du paradis terrestre. Celles-ci du moins reposent sur une espèce d'histoire dont le souvenir entre pour quelque chose dans les traditions de la foi religieuse. Celles-là ne s'appuient sur rien qui ait été avant nous, et qui puisse être jamais. Il n'y a que deux faits absolument vrais dans le monde visible, le commencement, qui est au berceau, et la fin, qui est à la tombe. L'homme, que les anciens appelaient un microscome ou un petit monde, parcourt, dans son rapide passage sur la terre, tous les périodes de la durée du monde collectif. Il naît, il croît, il vit, il vieillit, embrassant de plus en plus un avenir qu'il ne touche nulle part, et meurt sans avoir rien obtenu de ce qu'il avait désiré. L'histoire de l'individu est celle des peuples.

Je sais bien qu'on me dira qu'au point où la civilisation est parvenue, sa marche est nécessairement progressive, puisqu'elle a trouvé dans l'âge de l'imprimerie un véhicule de progression dont les âges antérieurs étaient privés. L'imprimerie a pourvu, selon l'opinion générale, à tout retour possible à la barbarie. Cette proposition s'est même convertie en axiome, et il faut bien dire une fois que cet axiome est un mensonge. L'imprimerie est si peu une digue contre la barbarie, qu'on ne court aucun risque d'avancer qu'elle l'a rendue plus imminente et plus inévitable. Elle n'est pas l'aurore d'un jour sans fin; elle est le crépuscule d'une éternelle nuit. Tous les siècles que la civilisation perdra sur sa longévité présumable lui ont été volés par Guttemberg.

Une opinion nouvelle passe toujours pour un paradoxe; et si toutes les vérités latentes venaient à éclore aujourd'hui, je suis convaincu qu'il n'y aurait plus que le mensonge qui ne fût pas paradoxal. Celle-ci est d'une telle nature qu'elle se proclame d'elle-même. Elle ne se fait pas valoir par des hypothèses; elle éclate dans les faits.

Quand l'imprimerie fut inventée en Europe, l'âge intermédiaire de notre vie sociale n'était pas fini. Loin d'en hâter la décadence, elle le prolongea. C'est elle qui rendit vulgaires les absurdes con-

testations de la scolastique, et qui transporta au milieu d'une société éclairée jusqu'alors des simples lumières instinctives de son
organisation naturelle les doctrines ténébreuses et les aberrations
stupides du monachisme. L'instinct de la raison se développa tout
au plus en son temps, comme il l'aurait fait sans l'imprimerie,
dont Socrate et Cicéron n'avaient pas eu besoin pour vaincre le po-
lythéisme, et pour réduire à leur valeur les rêveries hypocrites des
augures. Comparez les époques de transition, et dites sincèrement
si l'imprimerie a fait gagner du temps à la raison humaine dans la
discussion des idées religieuses, ou si elle lui en a fait perdre.

L'influence la plus immédiate de l'imprimerie devait se faire
sentir dans le progrès des littératures. C'est là que l'ongle vigou-
reux du lion de la civilisation aurait laissé une empreinte immor-
telle, si ce privilége lui avait été donné ; mais cette empreinte ca-
ractéristique, où est-elle? Quel Homère a détrôné Homère? Quel
poète lauréat de Léon X nous a rendu l'harmonieuse philosophie
d'Horace? Où est l'historien qui a éclipsé Tacite, et le moraliste
qui a fait oublier Marc-Aurèle? Voit-on, sans remonter si loin, que
les siècles immédiatement antérieurs à l'imprimerie le cèdent de
beaucoup à ceux qui l'ont immédiatement suivie? Le Dante est-il
si fort au-dessous du Tasse, Boccace au-dessous de Bembo, de Cas-
tiglione et de Firenzuola, Pétrarque au-dessous de Sannazar? Les
deux plus grands hommes, simplement lettrés, des temps modernes, Érasme et Luther, sont nés eux-mêmes trop tôt pour former
leur génie par la lecture des livres imprimés, plus rares, dans leur
enfance, que les manuscrits, et qui les a surpassés? Abordons cette
question dans le vif, car elle n'est inexpugnable d'aucun côté
qu'on la prenne. Quand l'imprimerie fut inventée, pour qu'elle
servît à quelque chose, il fallait probablement que l'époque fût
déjà très-avancée, très-adulte et très-puissante. Si l'on remarque
en effet que tous les classiques, à l'exception de deux ou trois qui
n'étaient pas encore retrouvés, furent imprimés pendant le cours
des trente premières années de la découverte, dans plus de cent
cinquante villes différentes, au nombre de huit ou dix éditions
pour chacun, ce qui suppose une production presque simultanée

de dix millions de volumes, on conviendra qu'une telle entreprise supposait une quantité presque innombrable de savans capables de choisir avec intelligence parmi les productions de l'esprit, d'éclaircir leurs difficultés, de comparer leurs variantes, de reconnaître et de rectifier leurs altérations, de suppléer à leurs lacunes, et on ne dira pas qu'aucun de ces hommes doctes fût redevable de son savoir au génie inventeur d'un ouvrier de Mayence, qui ne pouvait rien sans eux. Eh bien! je le demande à tous les esprits dégagés de préventions, admettons que l'imprimerie nous est donnée d'hier, comme la liberté illimitée de la presse, dans l'état actuel de notre doctrine et de nos lumières, et qu'on me dise sincèrement combien il faudra de siècles pareils pour accomplir de pareils travaux? Sont-ils si nombreux de nos jours, ces Lascaris, ces Chalcondyle, ces Démétrius de Crète, ces Monbritius, ces Trapezuntius, ces Manuce, ces Robert Gaguin, qui distribuèrent au genre humain avec une prodigalité si éclairée les trésors de l'antiquité savante? Hélas! l'Europe entière, en exceptant seulement l'Allemagne, dont la civilisation est restée stationnaire, de l'avis de tous les politiques, fournirait à peine aujourd'hui de correcteurs intelligens, je ne dis pas la centième partie des presses du quinzième siècle, mais la seule presse polyglotte d'Alcala. Bien plus : des cent cinquante villes fécondes où les manuscrits se multiplièrent, comme les pains miraculeux de l'Évangile, cent vingt au moins n'ont plus de presses, ou n'en conservent que pour la proclamation du préfet, la lettre pastorale du prélat ou l'ordonnance de police du bourguemestre. Elles ont oublié jusqu'à la gloire dont un art nouveau les avait décorées, dans un temps que nous appelons barbare, et se complaisent innocemment dans ce qui leur reste de littérature, la dialectique de bureau et l'éloquence de sacristie.

La conservation matérielle des monumens de la pensée humaine paraît sans doute mieux assurée par un procédé qui peut les multiplier à l'infini; mais cela même est-il bien sûr?

Les Chinois ont détruit les livres dans une de leurs révolutions, qui remonte à une époque fort ancienne, et la moitié des livres sacrés, tout protégés qu'ils étaient par le dévouement des peuples, périrent dans la conflagration universelle. Ce qui leur reste de cette histoire et de cette littérature de tant de siècles n'équivaut pas à la centième partie de ce que nous avons sauvé des ruines du moyen âge. Ils avaient cependant l'imprimerie.

Une révolution contre les livres, et elle est infaillible, puisque nous l'avons déjà vue au point de s'effectuer il y a une quarantaine d'années, sera d'autant plus animée à leur destruction qu'elle aura plus où se prendre.

On s'imagine mal à propos que les manuscrits étaient rares chez les anciens. Il y en avait certains de plus multipliés que la plupart des ouvrages que l'impression a reproduits. La matière en était plus fixe et plus durable, la conservation garantie par des précautions plus attentives. Où sont cependant ces manuscrits d'Homère qu'A-lexandre avait renfermés dans les cassettes de Darius? Où sont ces chroniques de l'ancien monde qu'Énoch avait gravées sur le rocher? L'empereur Tacite prescrivit à tous les citoyens romains de se mu-nir d'un exemplaire des œuvres de l'immortel historien dont il por-tait le nom, et ce soin fut inutile. Nous n'en possédons que des lambeaux. La bibliothèque des Ptolémées était bien plus riche en trésors littéraires que la plus riche des bibliothèques modernes de l'Europe. Elle contenait sept cent mille volumes. Que fallut-il pour l'anéantir? Une torche.

Quant à l'impulsion que l'imprimerie a communiquée aux let-tres, je l'ai cherchée dans la sincérité de mon cœur, et j'avoue que je ne la trouve pas.

Le siècle de François Ier et celui de Louis XIV étaient de grands siècles, et ils sont arrivés à la suite de l'invention de l'imprimerie; mais l'imprimerie n'y est pour rien. C'est que c'était là leur place. Ils ont été avec elle, et tout au plus, ce qu'ils auraient été sans elle. Le siècle de Périclès et celui d'Auguste ne l'ont pas attendue.

Si elle a exercé quelque influence sur les développemens de notre littérature, tant pis; car cette influence ne pouvait servir qu'à en altérer la naïveté. Elle ne lui a point communiqué de qua-lités nouvelles; mais elle a du en restreindre l'essor, en lui impo-sant les entraves d'une imitation bigote et méticuleuse, en la dépouillant du principal mérite des productions de l'esprit, qui consiste dans l'indépendance d'une pensée vierge et dans le tour d'une expression originale. C'est peut-être elle qui a fait de deux pléiades d'hommes de génie un troupeau de plagiaires élégans.

Ce qu'elle a essentiellement multiplié, parce que ce genre de travail est une pâture toute assortie aux intelligences médiocres, ce sont les traductions et les dictionnaires, qui sont signes d'ignorance, comme la loterie est symptôme de misère, et qui annoncent d'une manière infaillible la décadence des lettres. Pays de traductions, pays d'impuissance et de mauvaises études. Il faut que les Latins aient fait bien peu de cas des métaphrastes pour ne nous avoir pas laissé une traduction du grec qui tienne place parmi les classiques. Ils ne toléraient ce métier pédantesque et servile qu'à l'usage des classes illétrées. En effet, si on excepte le *Daphnis et Chloé* d'Amyot, qui vaut cent fois mieux que le roman de Longus; le *Don Quichotte* de Filleau de Saint-Martin, qui ne vaut ni plus ni moins que le chef-d'œuvre inimitable de Cervantes, et deux ou trois autres tout au plus, quelle traduction a jamais fait passer dans notre langue l'ombre de l'original? La plupart des auteurs, et ce sont précisément ceux qui se distinguent par un type individuel de talent, ne peuvent du tout se traduire. Horace, Perse, Juvénal, Catulle, Martial, Pline le jeune, Tacite, Lucrèce, Pétrone, Shakspeare, Dante, Arioste, Machiavel, Camoëns, sont lettres closes pour quiconque ne les connaîtrait pas sous leur forme naturelle. Sur dix traducteurs, il y en a neuf qui n'entendent pas la langue qu'ils traduisent. Sur dix traducteurs qui l'entendent, il y en a neuf qui n'entendent pas celle dans laquelle ils traduisent. Je ne dis rien de ceux qui n'entendent ni l'une ni l'autre. Pour trouver un traducteur excellent, il faut trouver d'abord un homme qui soit profond penseur et grand écrivain en deux langues. C'est une rareté. Il faut ensuite que cet homme, par modestie ou par caprice, ait consenti à subordonner son génie aux conceptions des autres. C'est un phénomène. Notre fameuse traduction des *Géorgiques* ressemble au poème de Virgile comme une poupée de marchande de modes à une statue de Phidias.

Revenons aux bienfaits de l'imprimerie, et ne lui contestons aucun de ses avantages. Elle a préservé, dit-on, d'admirables écrits des ravages du temps, et peut-être elle nous aurait conservé tous ceux des anciens si elle en avait été connue. Je regrette probablement autant qu'un autre la perte du théâtre de Ménandre et celle de ces comiques latins parmi lesquels Térence ne tenait que la sixième place, quoique Plaute n'y fût pas compté :

At nostri proavi plautinos et numeros et
Laudavere sales, nimium patienter utrumque
Ne dicam stulte mirati.

(Hor., de Art. poet.)

Je jouirais avec délices de la lecture des décades perdues de Tite-Live et des poèmes de Varius; je paierais à haut prix l'édition la plus imparfaite du traité *de Gloria*, de Cicéron, et surtout du traité *de Virtute*, de Brutus, qui, parti d'une telle main, devait être une œuvre de conscience et de génie comparable à ce que l'antiquité nous a transmis de plus digne de l'admiration des siècles ; mais je me console quelquefois en pensant que la même fortune aurait perpétué jusqu'à nous les inepties de Bavius et de Mévius, et les impertinentes diatribes de Zoïle, heureux même si la barbarie que l'imprimerie traîne après elle, et que la diffusion des idées écloses sous son influence doit rendre nécessairement plus intense, plus et destructive, eût épargné autre chose !

Voilà le grand inconvénient de l'imprimerie : elle est passive et non intelligente ; elle obéit et ne juge pas ; elle a mis le bon en circulation, elle y a mis le mauvais ; elle a rendu plus faciles quelques jouissances délicates ; elle a fomenté des milliers d'erreurs et de folies ; et comme le nombre des esprits judicieux est infiniment plus petit que l'autre, elle a récréé les veilles du sage, mais elle a soulevé un ferment inextinguible de désordres dans la multitude ; elle a accéléré la civilisation pour la précipiter vers la barbarie, comme l'opium pris à forte dose accélère la vie pour la précipiter vers la mort.

3.

Si cependant elle a été favorable aux lettres, on ne dira pas du moins qu'elle a été favorable aux lettrés. La multiplication vénale des mauvais écrits a déshonoré l'art d'écrire. Chez les anciens, le talent du style, que Pope appelle le chef-d'œuvre de la nature, revêtait celui qui en était doué d'une espèce de sacerdoce. Elle en a fait un métier. La culture de l'esprit conduisait alors à tout ce qui est grand et honorable; on n'y voit aujourd'hui que la vaine occupation des oisifs, la ressource du pauvre et l'arme du méchant. On jettera pendant quelque temps encore un morceau de pain à la science et au génie, mais on ne les honorera plus. Ce n'est plus de nos jours que la pourpre ira chercher Tullius, et que Pétrarque montera en triomphe au Capitole. L'inspiration elle-même s'est glacée d'effroi dans les ames les plus passionnées, au bruit de cette publicité turbulente qui n'est pas de la gloire. Les muses sont femmes, et leurs plaisirs ne peuvent se passer de mystère.

La question n'est pas épuisée sans doute, mais elle est jugée. Rien ne s'oppose au retour de la barbarie dans ce que vous appelez la marche progressive de la société moderne. Vous serez barbares comme vous l'avez été, vous le serez peut-être davantage; et il ne s'en faut guère que vous ne le soyez déjà; seulement votre barbarie différera de l'autre en un point, c'est qu'elle commencera son règne au nom de la civilisation et de la perfectibilité, c'est-à-dire par le ridicule. Je ne vous conteste pas l'avantage d'avoir soulevé quelques-uns des voiles de la chaste Isis : il ne faut pour cela qu'une curiosité persistante et une vanité indéfessible, deux facultés qui n'ont manqué à aucun âge de la société, mais qui caractérisent particulièrement la société actuelle. Quant à ce voile éternellement impénétrable derrière lequel, depuis le commencement des temps, la nature dérobe ses mystères à tous les yeux mortels, vous ne le soulèverez jamais. La seule vérité qui vous appartienne en propre et qu'il vous soit permis de sonder dans toute sa profondeur, c'est que vous devez mourir de mort, et que toutes vos institutions doivent mourir comme vous.

Je voulais prouver que l'imprimerie elle-même ne changerait rien, quoi qu'on en dise, à la condition indispensable de toutes les existences, et qu'elle n'était ni un préservatif pour la gloire contre l'oubli, ni un préservatif pour la civilisation contre la barbarie. Il m'aurait été plus doux de lui attribuer ce privilége qu'il faut malheureusement reléguer parmi les fables avec les secrets magiques de Médée, la fontaine de jeunesse des poètes, et l'or potable des alchimistes. Quoique je sois loin d'être un de ses enfans les plus favorisés, je n'ai jamais compris le dépit dénaturé de l'ingrat qui ose offenser sa nourrice. J'aimerais à jouir de ses merveilles sans prévoir la catastrophe universelle qui les replongera dans peu, avec la société tout entière, dans une longue et profonde nuit. Ce n'est pas ma faute s'il en est de la contemplation de l'avenir des peuples comme de cet antre de Trophonius d'où l'on ne sortait qu'avec un visage attristé, et si je ne puis que m'écrier sur les bords de l'abîme, avec les sages des temps écoulés :

>. . . . . *Dum licet uti,*
> *Utere deliciis; omnia mors adimit.*

CH. NODIER.

LETTRES INÉDITES

DE DIDEROT (¹).

LETTRE CXIII.

Paris, le 1ᵉʳ octobre 1768.

Mademoiselle, vous n'écrivez point; vous ne répondez point aux lettres qu'on vous écrit. Je vous boude, et tout en vous boudant j'allais oublier que c'est demain la fête de maman. Je vous prie de lui offrir mes souhaits, mon tendre et sincère attachement et tout mon respect; dites-lui bien que tant que je vivrai il lui restera un joli enfant; et puis vous irez prendre Mᵐᵉ de Blacy par la main, et vous leur offrirez à chacune un baiser de ma part. Voilà, par exemple, une commission qui ne vous déplaira pas.

Il faut que vous sachiez que M. d'Invaux a commencé à faire des sien-

---

(¹) La première livraison des *Mémoires de Diderot* obtient, malgré les préoccupations de la politique, le plus grand succès. Nous sommes assez heureux pour pouvoir extraire à l'avance de la seconde livraison, qui ne tardera pas à paraître, les lettres que nous publions ici. On y retrouve encore tout Diderot et toute la société au milieu de laquelle il vivait. (*N. du D.*)